감꽃이 피면

청목 김상호 시집

감꽃이 피면

인 쇄 | 2024년 2월 1일
발 행 | 2024년 2월 22일
지은이 | 김상호
펴낸곳 | (주)삼립 T. 051-256-8200
편집디자인 | 도서출판 고려동 T. 051-257-8201
ybo1001@naver.com

ⓒ 2024. 김상호 978-89-89289-45-6
정가 / 12,000원

※이 책의 무단전재 및 복제행위는 저작권법에 의거, 처벌의 대상이 됩니다.

시인의 말

나이
이른 이 넘어
시를 쓴다며
마음을 먹었다

마음이 시키는 대로
적었다
내 곁에 있는 것들을
보며 느끼며 적었다

이것이
작은
꿈이었다

하늘을 보며
인공위성이 되고 싶었다
그 꿈이
어떻게 돌아올지도
모르고

지금도
가슴이 부풀고 있다

솔향 마을 언덕배기에서
청목 김상호

차례

- 시인의 말

1부

펄펄 뛰지도 못하고

10 · 삼월을 팝니다 1.
11 · 삼월을 팝니다 2.
12 · 호리병 당신
13 · 시장 풍경
14 · 아내
15 · 꿈이었다
16 · 어머니의 태극기
17 · 엄마와 김장
18 · 큰 파가 말 합니다
19 · 할머니의 소원
20 · 아내는 바쁘다
21 · 할머니의 텃밭
22 · 손자가 그린 얼굴
23 · 흙 묻은 호미는 쉬고 있다
24 · 농촌의 밤기차
25 · 노추산 모정탑
26 · 달빛 손님
27 · 스무 살 같은 하루
28 · 아내의 손
29 · 달빛이 달콤하다
30 · 아내의 외출

31 • 어머니가 보고 싶었다
32 • 여백
33 • 또 사랑 하라고
34 • 마을 이장님
35 • 어머니

2부 묻어놓은 마음도

38 • 산국(山菊) 향기가 나를 붙들고 있다
39 • 44년이
40 • 감꽃이 피면
41 • 못 둑에 앉아서
42 • 산 그림자 물에 빠진 날
43 • 할아버지 할머니의 묵화
44 • 와운(臥雲)골 이야기
45 • 얼굴
46 • 바람이 다가와 기억을 풀다
47 • 주머니 속의 동전 하나
48 • 나무에게 12월은
49 • 모두가 별이다
50 • 바람을 보고 있다
51 • 겨울밤 이야기
52 • 치매 같은 삶
53 • 풀벌레 소리는 자장가
54 • 입추

55 · 십이월이 왔다
56 · 길에게 묻는다
57 · 서리꽃이 피었다
58 · 밀양 산불
59 · 느티나무
60 · 책장 산책
61 · 찻잔
62 · 겨울나무

3부 쉼표하나 더 찍자고

64 · 라일락 향기의 추억
65 · 접시꽃이 웃고 있다
66 · 매화
67 · 얼음골 사과
68 · 봄봄 봄이다
69 · 산수유
70 · 장미 사랑
72 · 초롱꽃
73 · 봄날
74 · 매화 마을
75 · 호박꽃
76 · 구절초
77 · 종남산에서
78 · 석류

79 · 가을 민들레
80 · 아궁이에 불을 지피며
81 · 봄이 활짝 피었다
82 · 수선화
83 · 갯쑥부쟁이
84 · 진달래
85 · 코스모스
86 · 아지랑이가 춤을 춘다
87 · 비오는 날의 발레리나
88 · 어떤 날의 일기
89 · 장미길
90 · 큰 개 불알 꽃
91 · 호박꽃이 웃고 있다
92 · 가을 장미가 핀 까닭
93 · 하얀 찔레꽃
94 · 금계국이 피었다

4부 **가슴에 봄 가득 채우러**

96 · 쉼표 하나
97 · 곰탕
98 · 막차
99 · 매미들의 함성
100 · 일곱 시간의 여행
101 · 휴지통 속의 비밀

102 · 뻥튀기 아저씨
103 · 향기, 그 우포
104 · 은빛 올챙이들의 여행
105 · 빨래
106 · 모기
107 · 파도
108 · 매미 울던 날
109 · 화가
110 · 청개구리
111 · 매미

· 해설

1 부
펄펄 뛰지도 못하고

삼월을 팝니다 1

삼월이 시장에 나왔어요

흰 수건 두른 할머니
무릎 앞에
냉이 달래도 데리고
쪽파 한 묶음씩 놓아두고
연근 3개 만원도 붙어있다

당근 호박 부추 배추 파는
앞치마 두른 아줌마
돈 넣기 바쁘다

통닭집 아저씨의 고소한 향기
한 마리 육천 원
고등어 두 마리 오천 원
갈치 한 마리 만원
고함소리에
칼 두드리는 장단과 같이
검은 비닐봉지 속으로 팔려나간다

덤으로 파는 삼월 햇살도
만원하고 소리 지르니
오일장 봉지 속으로
꿈길처럼 들어가 버리는 풍경

정겹다

삼월을 팝니다 2

봄이 할머니와 같이
오일장에 나왔습니다

금방 눈을 뜬 쑥이랑
달래도
냉이도
봄동도
삼천 냥 이름표를 달고
기다리고 있습니다

오늘 저녁은
어느 집 밥상에서
봄 내음 풍길는지

할머니는 시장에서
3월을 팝니다

호리병 당신

비 오는 날
심심하다며
오일장 구경을 나갔다

구수한 파전 냄새에 끌려
생탁 한 병 파전 하나 시켜 놓고
사람 냄새를 맡는다

비닐봉지 든 팔짱 낀 노부부
노란 참외 들고 가는 중년 여인
엄마 손잡고 어묵 하나 입에 문 아이
내 눈앞이 드라마다

떨이하는 아저씨 고함소리에
토마토 한 봉지 사 들고
꽃집 들러
빨강 파랑 노랑 장미 세 송이 샀다

세 송이 장미
붉은 무늬 호리병에 꽂으며
"예쁜 당신 닮았네"
하는 소리에

함박웃음이 귀에 걸렸다

웬일
꽃을 다 사오고

시장풍경(할머니 장터)

장에 나온 노부부가
할머니 앞에 앉아
연세를 물으니
팔십 셋이라 한다

바구니 다섯 개를 놓고
호박 고추 고구마 파 열무를
담아두었다

호박 한개 천원
고추 스무 개 천원
고구마 세 개 이천 원
파 한 단 이천 원
열무 한 단 삼천 원

요강에 오줌 누고
거름을 준 작물들이다

아무 말 없이
할머니는 삶을 팔고 있다

아내

달콤한 꼬임에
김 씨 가족으로 살며
딸 둘
아들 하나 낳아

아끼고 참고 견디며
몸으로 가슴으로 살았다

훨훨 날지도
펄펄 뛰지도 못하고 살았다

그렇게 사는 동안
엄마로 익었다
또
할머니로 익는다

꿈이었다

분홍빛 커튼 밝히며
달빛 함께 마주 보고 누웠다
손가락으로 둥근 얼굴 쓰다듬으며
스르르 눈 감는다

보랏빛 라일락 네모난 창문 열고
김밥 싸는 내 님 손등을 만진다
튤립 손 흔들며 노래하는 공원
소풍 가자 조른다
라일락 향기도 같이 김밥에 넣었다

장미꽃 하나둘 화장하는 들판
빨강 파랑 노랑 하얀 튤립
목이 터지도록 소리 지르며 반긴다

하늘이 내려놓은 꽃 대궐
부둥켜 안고 구르며
카메라 속에 들어가고
얼굴도 비비면서
오월의 노랫소리에 빠졌다

하늘 파란 강에게 물었다
오로라 피어오르는 언덕에
왜 날아오르고 있느냐고

꿈이었다

어머니의 태극기

몸가짐을 단정히 하고
종이 상자를 열어
어머니의 태극기를 꺼내든다

광목 보자기에 고이 두었다가
국경일이면 어머니의 마음이
문 앞에 펄럭인다

하늘보다 높고
바다보다 넓은
묵묵히 지켜 온 나라 사랑이
어머니의 태극기이다

어머니의 사랑은
언제나 펄럭인다

엄마와 김장

엄마는 잠자리에 누워
김장을 한다
아들네 몇 포기
딸네 몇 포기
김치 담그다 선잠을 잔다

배추를 절이고 씻고
해마다 하는 일
며느리, 딸 레시피 달라는데
눈대중으로 엮은 양념
손가락으로 맛보며 되었다 한다

한쪽 두 쪽 붉은 양념에 치대어
맛 듬뿍 칠해 준다

무릎 세워 허리 펴고
사랑을 준 엄마의 세월은
사랑 덩어리만 남았다

큰 파가 말합니다.

큰 파가 말합니다
이른 봄에 아주머니의 장바구니에
한 묶음에 만 원짜리 모종이었어요

아저씨가 고이고이 심어
열심히 자라서
뜨거운 라면 국물 속에서
보글보글 된장 속에서
맛을 내는 데 보태어지고

칼에 잘려도 보고
프라이 팬에 올라 뜨거워 죽었습니다

지난해 겨울에는
잎으로 이불을 만들어
추위를 이기고 봄을 맞아
꽃을 피워 자식을 맞이합니다

나도 사람들처럼
반복된 일생을
살고 있다고 말합니다

할머니의 소원

부럼에 귀밝이술 한잔으로
마음을 달래 보려는 것인지
달뜨는 동녘 산을 본다

사물 놀이패가 흥을 돋우고
할머니는 만 원짜리 한 장
새끼줄에 달며 두 손을 모으고
중얼거리며 돌고 있다

달이 뜬다
달이 뜬다는 소리에
달집에 불을 지피자
달을 반기며 활활 타오른다

할머니의 소원도
불꽃 따라 하늘로 높이 오른다

아내는 바쁘다

여명이 짙어져 하늘이
붉게 열린 아침
하늘에 낮달이 된 눈썹달이
감나무에 걸려 있다

동짓달 스무닷새
설날이 온다면서
갑자기 아내가 바쁘다

콩나물시루에 떨어지는 물소리
조르르 콩나물 크는 소리도 곱다

조기 여덟 마리
오징어 두 마리
새우 만 원어치
한참 중얼거리다 장바구니 들고
대독장 보러 나간다

산새들 하늘 바다에 나르며
장 보러 간 보따리 무거울까 걱정이다

할머니의 텃밭

신혼 때 실뜨기하던 영감님과의 추억이 어린
어둠이 내린 할머니의
일손 없어 묵혀둔 묵정밭에
하얀 꽃밭을 만들어 주인 행세를 하는
마른 꽃을 단 망초가 바람을 흔들며 서 있다

할머니 손등 주름도
하얗게 물들여진 머리카락도
지팡이를 잡은 구부러진 허리도
망초밭 언저리에 묻혀 있다

밭 저쪽 멀쭉히 서서 해바라기하는 꽃
할머니를 보고 싱긋 웃는다
내년에도 하얀 꽃밭에서 즐겁게 놀고 싶다며
바람에 온몸을 굽신거린다

손자가 그린 얼굴

손자가 그린
할머니와 할아버지
손잡은 모습을 보고 빙긋이 웃고 있다

할머니 얼굴은 둥근 얼굴에
머리는 뽀글뽀글
두 눈은 동그랗고
돼지 코에 주먹이 들어갈 입
할아버지 얼굴은 네모로
눈 코 입은 할머니를 닮았다

손자가 그린 두 얼굴이
환하게 웃고 있다

할아버지 할머니 얼굴에
함빡 웃음꽃이 피었다

흙 묻은 호미는 쉬고 있다

텃밭 매던 김 씨 목이 말라
누렁이와 동네 주막에 들렀다

생탁 한 병 시켜
한 잔
두 잔 먹다 보니
갈증이 갔는지

이 집
저 집 간섭이다

누렁이는
문밖에서
눈만 껌뻑이며
쳐다본다

잡초는 뿌리 내리는데
흙 묻은 호미는 쉬고 있다

농촌의 밤 기차

청둥오리 때 줄지어
집으로 돌아갈 시간
서쪽 하늘이 붉게 물든다

철길 없는 들판에 기차들이
하나둘 들어오고
기관사는 손님맞이 분주하다

반달이 가는 반대쪽으로
기차들은 줄지어 떠났다고
반달은 말한다

내가 밤새 단꿈 꾸고 일어났을 때
푸른색 손님을 태운 기차는 떠났다

기차를 타야 되는 손님들은
청둥오리 집으로 가기를 기다린다

노추산 모정 탑

낙엽을 밟으며
돌탑 길을 걷는다
바람 잘 날 없이
아픈 날과 시름하다
탑을 쌓아야 한다는
신령의 말을 따라
돌탑을 쌓는다
마음을 하나하나
돌 위에 얹어가며
삼천 탑을 쌓고 쌓아
엄마의 사랑 묻었다
솔향 그윽한 길 따라
깊고 넓은 사랑
돌탑 따라 맴돈다
높은 곳에
엄마가 보인다

달빛 손님

하늘의 창을 열었다

아직 채우지 못한 몸으로
희미한 달빛을 내리고
눈감고 고독과 싸우며
잠 못 드는 밤을 엿듣고 있다

풀벌레 소리는
바람의 길을 열어 놓은
틈으로 들어와 같이 울고 있다

달빛을 머금고
스르르 기억 저편으로 간다

스무 살 같은 하루

아침 먹어라는 엄마의 카랑카랑한
목소리가 문틈으로 들어왔다

아침을 굶어도 아무렇지도 않은데
억지 엄마의 마음을 보고 싶다

친구와 술 한잔하고 왔는지를 아는 엄마는
콩나물국을 끓여 놓았다

뻐꾸기가 뻐꾹뻐꾹 하면서 날아갔다
어쩌면 나를 보고 욕하는 것 같이 들렸다
어젯밤에 나를 본 것처럼

얼른 세수하고 집에서 멀어져
공원의 의자에 앉아 폰을 꺼내 *쉬리에게 말한다
쉬리야 알지
전화 걸어줘

아직 스무 살 같은 하루를 살고 싶다

*쉬리 : 아이폰의 안내자 이름

아내의 손

어젯밤 당신의 손을 만져 보았소
달빛에 비친 얼굴도 보았소

아이 셋 키우고 손주들 본다고 그랬던가
나이와 함께 주름 꽃이 아름답게 피었소

모래 바람이 수없이 얼굴을 스치고
장대 같이 쏟아진 빗방울의 흔적도 아닌
아이들에게 바친 고귀한 선물 같은
아름다운 세월의 흔적들이 고여 있었소

다이아몬드가 박힌 반지 만들어
주름진 손가락이 빛나게 끼워 드리고 싶소
설 지나 보약도 한재 달여 드리고 싶소

그렇게
올해 칠순이 되었소

달빛이 달콤하다

구름에 가려 희미하게 비치는
얼굴이 내 곁으로 왔다

배가 살짝 부른 너의 모습이
큰아이 가졌던 애 엄마처럼
연분홍 원피스에
쪽빛 스카프 두른
내 임이 달빛 아래서
자유로운 영혼으로 나풀나풀
춤에 젖어있다

그렇게 품으며
꿈속으로 사라졌다
달빛이 달콤했다

아내의 외출

봄꽃들이
들석일 때

얼굴에 분칠하고
입술에
손톱에는
진달래꽃이 피었다

몸에도
봄꽃이 피었다

비단결 같은 마음
용광로같이
가슴이 뜨거운 아내는
봄을 타는가 봐

어머니가 보고 싶었다

할머니 한 분이 은행 창구에 앉아
검은 비닐봉지에서
통장과 도장을 꺼내 직원에게 주며
오만원을 찾아서 여기로 보내주시오 한다

창구 여직원이
할머니 비밀번호 쳐 주세요 한다
통장에 어디 있을건대

직원이 업무를 처리하고
통장을 주면서 설명을 친절하게 했다
할머니 고맙다며 몇 번이고 인사한다

나는
갑자기 어머니가 보고 싶었다

여백

당신의 얼굴을 그리다가
잊어버렸다
그대의 미소를

당신의 목소리를 담으려다
놓쳐버렸다
그대의 꾀꼬리 목소리를

당신의 마음을 잡으려다
눈을 감았다
그대의 착함을

당신이 그리워서
도화지에 아주 작은
여백을 남겨 두고
기다리고 있다

또 사랑하라고

해가 지려고 해요
내일 또 올 것이라며

당신이 내민 손끝이 따스해서
발이 떨어지지 않습니다

당신의 미소가 눈에 밟혀
걸음걸이가 비틀거립니다

이렇게 사랑이 색칠되어 갑니다
내일도 퍼질 겁니다

또 사랑하라고

마을 이장님

새벽달이 걸음이 느려
아직 대추나무에 걸려 있고
아침을 알리는 아랫동네
아빠 닭의 울음소리가 맑게 퍼진다

마을 이장은 아침 방송을 하며
아직도 뒤척이고 있을 사람들의
잠을 깨우고 있다
내일까지 비료 주문을 하라면서

뿌연 안개가 마을을 지나며
매화와 어울려 놀고 있다

새벽달이 없어진 시간
마을 이장은 다시 방송을 한다

어머니

토마토가 익어갈 즈음
자주 비가 내린다

어머니는 딸아이
아들 손자 입이 생각나
빨갛고 노란 방울토마토
색깔만 세고 있다

새 두 마리 매일 아침
배고프다 지저귀고
비오는 소리에 다칠까
걱정이 태산이다

일기 예보관 입만 쳐다보고
전화벨 울리는 소리에
눈을 반짝이는 어머니
지나가는 우체부를 잡고
토마토 자랑에 빠졌다

초여름 따가운 햇살에
핏빛처럼 익어가는 모습에
바람도 쉬어가는 듯
체온만 오른다

옆집 진돗개가 찾아와
꼬리 흔들며
아들딸 언제 오는지 물어댄다

2 부

묻어 놓은 내 마음도

산국(山菊)의 향기가 나를 붙들고 있다

언덕길 따라
햇볕과 놀고 있는 시간

골짜기에서 불어온 바람이
진한 국화 향기를 데려다 주었다

향기의 진앙은
산국들의 잔칫집
벌들이 한바탕 춤사위 중이다

나도
산국의 진한 향기로
가득 배를 채우고
언덕에 누워
벌들의 군무를 보고 있다

산국의 향기가
나를 붙들고 있다

44년이

어떤 모습일까
약속한 날 아침
유난히 하늘이 맑다

44년이 흘렀다
상상한 얼굴이
열다섯 앳 댄 모습이다

푸르름이 짙게 내린 한낮
가면을 쓴 모습에
깜짝 놀랐다
가슴이 뛰었다고 한다
안고 싶었다고 한다

스승과 제자는
막걸리 한 사발로
묵은 때를 벗었다

감꽃이 피면

나 어릴 적 이웃집 마당에 수십 년 된
감나무가 있었다

감꽃이 피면
고은 별들이 떨어져
고은 손으로 줍던 기억이 난다
친구 순이는 목걸이도 둘렀었다

이른 봄 먼저 찾아온 매실은
초록 구슬이 되어
주렁주렁 달려 뽐내고
아침햇살과 찾아온
참새가 가지에 앉아
아름다운 목소리로 힘을 돋웠다

그때 그 순이도
흰머리가 멋있을 나이로 낭만에 젖어있을까

이젠 옛 추억도 사라져 간다

못 둑에 앉아서

산봉우리 두 개가 못에 빠져
그림이 되었다

언덕 위 빨간 옷을 입은 집도
짙은 녹색 배경으로
물속에 거꾸로 서 있다

산바람 불어와
산봉우리와 빨간 집을 뭉개고
다시 짓기도 하며
작은 물결로
못을 덮어 버렸다

망초꽃 바람에 일렁이는 소리에
묻어 놓은 내 마음도
푸르름에 빠져 그림을 그렸다

오월의 하늘도 화가가 되었다

산 그림자 물에 빠진 날

산스화 보듯 물에 빠진 너를 보고 있다
지나는 바람에 놀라 잔잔한 파도를 만들고
산새들 울음소리가 나를 저수지에 가둔다

내 친구와 어릴 적 소 몰고 놀던 못 둑도
단발머리에 새침데기 누이의 예쁜 모습도
물아래 빠져 같이 있다

쉴 새 없이 지저귀는 산새 소리에 놀랐는지
큰 물고기 한 마리 올라와 동그라미를 그리며 퍼져 나간다

누이야 산 그림자 물에 빠진 날
바위에 나란히 앉아 두 얼굴 넣어놓고
누오 그리다가 세월 모두 잊어버렸다며
고반 하고 싶다

할아버지 할머니의 묵화

할아버지는 할머니보다
사 년 일찍 돌아가셨다
그렇게 살았던 할머니의 집은
민들레 홀씨와 망초들이 날아와
자리를 잡고
자기 집처럼 살고 있다
벌도 나비도 불러오고
반들반들한 장독대 먼지
할머니의 손때 묻은
검은색 마룻바닥
내 추억의 낙서가 그려진
꽃무늬 벽지가
세월의 무게에 견디며
할머니 얘기를 하고 있다
고목이 된 감나무에 감꽃이 피면
곶감 만들어 말리던
할아버지 할머니의
묵화를 그려보고 싶다

와운(臥雲)골 이야기

구름도 숨이 가빠 쉬어가는 와운 마을
천년 송 가지마다 새잎을 피워 놓고
골골마다 구성진 물소리
지리산 마고 할미의 치맛자락을 적시며
길손의 하룻밤 잠을 뒤척이게 만드는 밤

보리 밭이랑을 간질이며
산 능선을 넘는 바람의 애교보다
더 다뜻한 흔들림으로
봄늘 햇살 같은 산수유 노란 꽃잎들이 들썩이며
당산 할미의 부릅뜬 눈길도 잠재운다

임란 시절 지난 이야기들 그게 뭐 대수냐며
심드렁히 누워
밤사 쏟아 내리는 별빛을 받으며
온 지리산과 길손을 위로할 것만 같은
선홍빛 아침 해가 뜨기를 기다리는 와운골
천년 송 할아버지 할머니의 바람이
선한 이웃들의 과녁으로 피어나고 있었다

얼굴

열차의 차창에
당신이 있어

거울보다 더 또록또록한 눈빛으로
마주하고 간다

상상도 아니고
꿈도 아니다

내 눈이 큰 그물에
걸린 듯하다

자꾸만
더 또록또록해진다

바람이 다가와 기억을 풀다

아버지가 오셨다
아주 근엄하고 신사다웠다
바람이 휙 불면서 사라졌다
꿈이었다

고요한 숨소리 같은 바람은
어릴 적 기억을 희미하게 꺼내 주었고

꽃대 흔들던 꽃바람은
말없이 안아주던 침묵의 사랑을
떠올려 그리움으로 만들었다

귀가 아플 정도의 칼바람은
높은 산이고 큰 나무였던
아버지의 모습을 보여주었다

바람이 다가와 아버지의 기억을
실타래처럼 풀어 주었다

주머니 속의 동전 하나

무심코 던져 넣은
세탁기 속의 점퍼가
시원하게 목욕을 하고 나왔다

햇볕에 소독도 하고
일광욕까지 즐겼다

호주머니 속에
백 원짜리 동전도
같이 즐겼단다

무심코 넣어 놓고
잊어버린 시간
묵묵히 기다리고 있었다

나무에게 12월은

옷을 벗었다
바람이 찬 기운을 가져와
두터운 옷을 입어야 할 때

따스하고 아름답던 봄날을
몸에 새겨 놓고
욕심을 털어낸 듯 가벼워 보인다

찬 기운을 받아
기름을 바른 듯 반들반들하고

잊어버린 듯한 봄날을
다시 채비하기 위해
우뚝 서서 버티고 있다

지혜로운 노인의 내음이
묻어 나는 것 같다

모두가 별이다

코스모스는 가을이다
민들레는 봄이다
여름에는 무슨 꽃이 필까
망초가 들판에 가득 피어 이쁘다

동백꽃은 겨울이다
게발선인장도 겨울이지만
그 향기가 다르다
해바라기도 여름이지만
둥글게 웃고 있어 사랑스럽다

묵정밭에 입 쑥 내밀고
철 따라 피고 지던 님들도
엄마 닮아 향기 뿜었던
추억의 세월이 묻어 있었다
나도 꽃이다 하고
바람이 되어 흔들리며
큰소리로 보이고 싶었다

하늘에 빛나는
별처럼 모두 그랬다

바람을 보고 있다

바람을 보고 있다
어디로 가는지
어떻게 가는지도 보고 있다

네가 한번 지나가면
아카시아 꽃향기를
듬뿍 안겨주면서 갔다

바람의 기억이 되었다

바람의 소리를 듣고 있다
사람들이 숲을 지나가면
그 소리가 샤넬의 향기가 된다

꽃잎을 휘날리고
나뭇가지를 휘게 하며
나무뿌리를 뽑아버린
바람의 기억도 보았다

바람의 체온을 느끼고 있다
산에서 들판에서
바다에서 오는지 느낀다

내일도 바람은 어떤 기억을 던질지
마음이 부푼다

겨울밤 이야기

창밖에 찬바람이 울고 있다
나뭇가지 흔드는 소리도 운다

길고양이는 어떻게 지내는지
춥다는 생각에 마음이 무겁다

발바닥이 따스한 난
밖의 차가움은 비밀인 것 같다
길고 긴 차가운 밤
화덕에 몸 녹이며
겨울밤 이야기를 나눈다

내 마음은 길고양이 생각에
겨울밤이 깊어만 간다

치매 같은 삶

아내에게 전화를 걸어
내 전화기 못 봤어요
지금 전화기는 누구 것인가요

우유 한 통 사러 가게에 들러
계산 후 수고해요 하며 나왔다
등 뒤에서 누가 부른다
우유 가져 가셔요 한다

점심 먹고 약을 먹었다
오 분 지났을 때
또 약을 먹었다
아내가 아까 약 먹었잖아요

오늘도 깜빡깜빡
치마 같은 삶을 산다

풀벌레 소리는 자장가

잠들지 못하는 나를
잡고 있는 풀벌레

네 울음소리가
자장가가 되길 소원이다

까만 밤 어둠을 잡고
상상 속으로 달나라도 가고
천국의 놀이공원도 간다

까만 밤이 풀릴 즈음
풀벌레 소리는 자장가가 되었다

입추

열대야가 가을이 오는 소리에
시샘이 한창이다

바람 소리
귀뚜라미 소리가
속삭이듯 귀띔하고 있다

황도를 따라가는 해는
목메듯 마지막
폭염을 토하고 있다

오늘도
매디는 어떻게 울는지

십이월이 왔다

달 따라
해 따라
십이월이 왔다
다람쥐 쳇바퀴 돌듯
십일월이 달을 넘겨주며
십이월을 걱정한다
대설도
북쪽에 칼바람도 있다
추위 걱정하며
지난
일 년의 나를
돌아보는 십이월
2022년이 온다

길에게 묻는다

바람도 스쳐 간다
내가 가는 길을 같이 간다

가그 싶은 곳도
보그 싶은 사람도
내가 왔던 길을 같이 스쳤다

사랑도
외로움도
그리움도
즐거움도 가지면서 걷는 길

친구가
아프기 전에
내려놓아라한다

마음이 아프고
돌부리에 걸려 넘어진다면서
쉬엄쉬엄 가라 한다

뒤돌아보며 길에게 묻는 인생 구비
산등성을 넘는
흰 구름을 닮았다

서리꽃이 피었다

멀리 그림 같은 하늘에
왜가리 두 마리가 날개 짓하며
바쁘게 가고 있다

앞집 지붕에는 눈 내린 것처럼
하얗게 서리꽃이 피었다
나뭇가지에도 춥게 떨고 있는
양파에도 피었다

비닐하우스 속 어린 상추는
답답한지 뾰족 얼굴을 내민다

간밤에 찬 수증기 하나하나가
서리꽃을 만들어 보석이 된다
그리고
햇살은 지우개가 된다

밀양산불

마을 뒷산에 불이 났다
일하던 농부가 119에 신고를 했단다

바람이 말했다
오늘 울진보다 큰 산불이 난다고

소 밥 주던 안 씨
혹시나 하고 호스를 들고 물을 뿌려댄다

소방차가 와도
소방관이 와도 물끄러미 산만 보고 있다

불이 날기 시작했다
새들보다도 더 잘 날고 있다
앗차하는 순간에
산 하나를 먹은 뒤 등성이를 넘고
마을로 교도소도 들리며
성난 용처럼 꿈틀거렸다

산은 넋을 잃고
까만 얼굴로 매캐한 냄새와 같이
마을로 잿 바람을 내려보냈다

큰 잠자리가 너무 많이 날아 다녔다

느티나무

마을 입구에 우뚝 선 느티나무
눈이 내리는 날도
비가 오는 날도 늠름하게 서 있다

정월보름이면 당산제로
마을의 평안을 빌었고
여름이면 그늘도 주며
이야기도 만들고
그네도 내어주고
반가운 소식을 주던
까치집도 내어주었다

고향을 다녀가는 아들딸들은
추억을 꺼내보며 마음을 묻는다

뒷산이 품어주는 넉넉함처럼
너도 똑같다

책장 산책

거미줄이 책장 모퉁이에 처져있고
거미 한 마리가 미동도 없이
죽은 듯 천장에 붙어 있다

뿌연 먼지가 겹겹이 쌓인
내 젊은 시절의 책을 뒤적거리다
누런 쪽지가 뾰족 내민 책 한 권을 붙잡고
책 속에 묻어있는 사랑 글귀에 눈이 멈췄다

잊혀져 버린 내 지나온 이야기가
봄이 가고 겨울 건넌 것이 까마득한데
지금은 시들해 버린 빛바랜 앨범이 되어
나를 싱긋이 웃게 하며 책을 덮는다

죽은 듯이 숨죽이고 있는 거미처럼
내 젊음이 지나쳐 온 삶의 흔적도
고개들고 나오지 못하고
먼지와 함께 묵혀져서 잊어 버렸다

찻잔

햇볕이 의자에 들어올 시간
카페에 앉아
저수지 풍경을 본다

따뜻한 차 한 잔을 시키고 기다리는 시간
잔잔한 노래에 빠져든다

찻잔을 들고 입술이 커피잔에 닿는 순간
진한 커피 향이 콧등에 머물러
할 말을 잊어 버렸다

목을 넘어가며 젖어 드는
감미로움이 몸에 스며들었다

찻잔 속에 마음이 빠졌다

겨울나무

동짓달 긴긴밤을
벌거벗고 떨고 있다
잠도 자고
물도 먹고
밥도 먹고
간식도 먹으면서
겨울나무는
찬 바람으로
잎눈과 꽃눈을 만든다
바른 냄새를 맡으며
봄을 기다리며

3부

쉼표하나 더 찍자고

라일락 향기의 추억

시골집 마루 뒷문에는
라일락의 추억이 묻어 있다

마르에 누워있으면 선풍기보다
시원한 바람이 라일락의 향기 가득 담은
뒷집 순이의 편지가
돌멩이를 따라 들어왔다

라일락 향기가 가득 묻은 봄처럼
꿀 같은 편지

강산이 다섯 번 변해도
라일락이 피는 오월 바람은
짙은 첫사랑을 던져주고 갔다

접시꽃 웃고 있다

당신이 찾아온 지 한 달여
집 앞에 우뚝 버티고 서서
싱글벙글 웃고 있다

꽃대 하나에 여러 식구들
정답게 웃으며 반겨준다

얼굴 보지 않고 집으로 들어가면
울고 불며 접시꽃 땅에 떨어진다

억지로 웃고
웃는 얼굴 그려 놓고 웃고
개그맨 보고 웃고
좋은 일 있어 웃으며 산다

꽃 떨어질까 봐
싱글벙글 웃는다

매화

우리 집
매화 가지에 봄이 앉았다
예뻐서
한참 동안
바라보았더니
눈에 매화꽃이 핀다

봄이
유혹한다

얼음골 사과

사월이면 눈꽃 닮은
얼음골은 하얀 사과꽃이 핀다

사과꽃 순을 솎아내야 하는 할머니
마음만 바둥바둥
따스한 봄바람이 와서
사과꽃을 간질이고 벌들을 부른다
오월엔 풋사과들이
늦가을 탐스러운 할머니의 사과로
부풀며 꿈이 담길 것만 같다.

사과가 빨갛게 익어가는 날
얼음골 사과는 꿀이 들었다오 하는
웃음꽃 피울 할머니의 웃음에
온산이 취해
붉게 물들 것만 같으오

돋봄 봄이다

입춘 날 아침
겨울 가지에
봄이
덕지덕지 묻어 있다
살구나무
매실나무에도
금방 봄이 맺힐 것 같다

귀가 시릴 정도로 거센 바람을 밀치고
꽃잎을 터트리는
성질 급한 꽃눈
대문을 활짝 열고
봄을 데리고 들어오고 있다

아 그래
봄눈이다

산수유

꽃샘바람 불어와
꽃눈을 세차게 때리고 갈 때

지난밤 내의 한 벌 입혀
두지 못한 것이 아픔이었다

노란 꽃눈이 햇살 받아
추위를 이겨 내고
노란 입술 내밀었다

찬바람 따라 찾아온 봄 소리에
놀란 내 임 가슴에
설렘이 가득하다

장미 사랑

당신이 내게 올 때부터 마음 설레었습니다
몰래 담장 넘어온 당신
모나리자 얼굴 보듯
곱고
예쁘고
편하고
아프기도 하고
그립기도 하고
울기도 했던
옛 추억이 몰려와
그때의 이야기를 하고 싶습니다

밤이 되어 보이지 않을 때도
낮의 기억을 꺼내 말도하고
그려 놓았던 그림에 일기도 쓰고
낮처럼 마주하고 웃음도 주고 싶습니다

당신의 순수함과 내 마음을 담아
장미 한 송이를 주었을 때도
사십이 되던 그때 생각을 담아
사십 송이를 주었을 때는
당신의 고귀함이 보약이 되기도 했답니다
당신을 보면 가슴이 설렙니다
꺼지지 않는 영원함으로

나의 일상과 언제까지나 함께하고 싶습니다

당신은 사랑입니다
당신은 열정입니다
항상 곁에서 함께하고 싶습니다
당신의 가시가 되어 지키고 싶습니다

초롱꽃

따뜻한 햇살 받으며
오월의 낮에 등불을 켜고 왔다

무슨 할 말이 있는 듯
주렁주렁 등을 달고
하얀 옷을 입고 왔다

무엇이 그렇게 부끄러운지
새색시 시집오는 날 같다

벌이 등불 속으로 들어가면
나오지를 않는다
엉뚱한 생각도 해 본다

초롱꽃은 물음표 같다

봄날

매화꽃이 피던 날
개나리도 덩달아
춤을 추었다
윗도리는 노란 옷
치마는 초록 옷을 입고
같이 하늘을 쳐다보고 유혹한다
꽃을 닮고도 싶은
내 임은 뒤질세라
빨간 블라우스에
까만 바지 파란색 구두를
신고 길을 나서며
전화벨을 울린다
벚꽃도 자기 가슴처럼
부풀었다고 한다
난
양산 들고 햇볕 가리며
진달래 향기에 취해
봄을 달래고 있다

매화 마을

온산이 하얗고 붉다
매화가 사람들도
벌들도 불러 모았다

밭갈이하던 부부도
사랑하는 연인도
중년의 멋을 부린 부부도
할아버지 할머니의 손잡은 모습도
가족 나들이를 즐기는 모습도
매호- 골을 매웠다

섬진강 봄 냄새 따라
가슴에 봄 가득 채우러
새봄맞이 즐긴다

사진 찍기 바쁘다

호박꽃

안개비 내리는 이른 아침
호박 구덩이에
새벽부터 모종 심고 비를 기다리는 김 씨
뙤약볕을 보며 속이 까맣게 탄다

여보 게 모레 비 오십 미리 온단다

'와야 오는 거지요'

하늘을 원망하면서
일기예보에 귀를 기울이며
막걸리 한잔을 반주로 걸치는 사이
검은 구름이 몰려와 비를 뿌린다
기분 좋은 비가 산천을 적신다
호박 모종들의 웃음이 귀를 간질인다.

호박꽃이 꽃이냐 해도
마냥 즐거운 농심
비 온 뒤 노랗게 필 호박꽃이 기다려진다

구절초

해 질 녘 산바람이
짙은 향을 묻혀주며 지나간다

솔밭 사이사이
하얀 머리를 쑥 내민 구절초
아홉 마디마다
꽃대를 올려 피운 하얀 꽃들이
열여덟 소녀같이
맑고 소박하다

솔바람에
구절초 짙은 향이
저녁놀과 섞여
가슴에 파고든다

종남산에서

땀을 흠뻑 흘렸더니 시원하다

나만 변한 줄 알았는데
산도 변하였다고 한다

붉게 물든 진달래는 키가 컷고
나무들도 나를 닮았다

종남산 표지석은
우뚝 서서 시가지를 지키고 있다

내 친구가 살고 있던 집도
이웃집 어른이 세 들어 살던 집도
아파트가 되어 우뚝 서 있다

나만 변했다며 세월이 감을
나무라고 살았다
지구도 나무도 변하는 것을
잊고 살았다

석류

입을
쫑긋 내밀고

붉기 칠해진
배가
만삭이다

가을 햇살 머금은
보석을
순산할 날
두 손 모아 본다

가을 민들레

철도 모르고
담벼락 틈에 꽃을 피웠다

꽃대 두 개가 사이좋게 피더니
낙하산을 잔뜩 만들었다

노을에 붉게 물던 빛으로
타오르는 에너지를 가득 담았다

홀씨의 꿈을 담고
낯선 향기가 가득한 곳으로
갈바람 타고 솟구쳐 오른다

아궁이에 불을 지피며

떼객떼댁 불붙는 소리를 들으며
장작불을 지핀다

몸을 태우면서
마치 기다렸다는 듯
진노란 불빛이
이글거리며 춤춘다

힘이 넘치는 젊은 청년의
이유 있는 함성처럼
내 가슴을 끌고 들어간다

노란 불빛이
하얀 김으로 승화하면서
연흑의 막이 내린다

아궁이에 타다 남은 장작이
가을 내음을 내면서
연기를 뿜는다

봄이 활짝 피었다

뒷산 진달래가
나를 부른다
앞산 개나리도
나를 부른다

길섶 민들레도
노란 꽃 피우고
논둑의 제비꽃도
보라색 옷을 입고 생긋 웃는다

온 동네 벚꽃 봉오리가
톡톡 터진다

봄이
나를 유혹하며 활짝 피었다

수선화

겨울잠으로
세상 구경 멈추더니
추위가 물러갈 즈음
언 땅 비집고
녹색 줄기가 뾰족 나왔다
봄 햇살 함께
동그란 입술 내밀고
노탄 리본 달고
봄날 아침 구경 나왔다

예쁜 당신 닮았다

갯쑥부쟁이

이른 봄
돌담 틈에서
싹을 틔우더니
묵은
돌 때를 먹고
잘 자랐다

뒷산 솔바람 불 때
노란 봉오리 내밀더니
내 임 닮은 연보랏빛
꽃을 피웠다

가을향기 가득 담고
내 발길
눈길을 잡고
속삭인다

진달래

실바람 불어
꽃향기가
숲을 덮은 이른 봄

뒷산 언저리에
봄 처녀가 수줍음으로
연분홍 옷을 입고
고개를 살짝 내민다

환하게 웃으며
다가와 품어 줄
당신이 있어
온산에 연분홍색으로
칠하고 기다린다

겨우내 당신의 이쁜 볼이
얼었을 것 같아서

코스모스

시골길 언덕배기
봉오리 모습을
잊어버린 듯한 아침

기척도 없이
꽃바람 타고
우주선들이
내려앉았다
빨강
흰색
분홍색

곧 시동을 걸고
우주로 갈 것 같이
건들바람에 건들거린다

푸른 하늘을 날자
우주선을 타고

아지랑이가 춤을 춘다

깡깡 얼었던 대지가 기지개를 켜고
꿩들이 푸드덕거리며 새벽을 알린다

윤슬에 빛나는 버들가지는
연두색 물감을 색칠하며
푸르름으로 번진다

벌 한 마리 매화꽃에 잠깐 앉아
봄 내음 맡으며 꿀을 모으고

강변
쑥 캐는 할머니 등에
아지랑이가 춤을 춘다

비 오는 날 발레리나

구름 비 몰고 오는
푸르름이 짙어지는 초여름
비 오는 모습을
물끄러미 바라본다

시멘트 바닥 빗물 고인 자리
토슈즈 신은 발레리나
빗소리 장단 맞추어
백조의 호수에 맞춰 아름다운 새가 된다

바람 불어 빗줄기 세어지고
춤추듯 내리는 빗소리
발레리나 토슈즈 신은 백조들이 모여
일 막 클라이막스에
하늘로 날아오를 듯 손짓한다

구름 사이로 열린 하늘 속에서
차이콥스키의 상상력이 치솟기를 꿈꾸며
백조의 호수 토슈즈들이
바쁘게 움직인다

잔잔하게 내리는 비가
나뭇잎 간질이는 시간
명작이 탄생할 것 같은
빗줄기가 세어진다

어떤 날의 일기

살을 엘 듯한 추위가
찾아온 겨울날

눈이 내릴 듯한 날이 을씨년스러워
마음은 어릴 적 눈싸움하던 시절로 간다

눈을 돌돌 말아 둥글게 만들어 손을 호호 불며
눈사람을 만들던 시절
아니면 꽁꽁 얼었던 얼음을 지치며
스케이트를 만들어 탔던 기억도 저편에 있었다
너무 깊숙이 들어 있는 것은 모르고 있다

눈이 내리니까
눈사람 만들던 시절이 생각나고
얼음이 얼어서
스케이트가 생각이 났을 뿐이다

지금은 우체부를 기다리고
산새가 찾아와서 놀다 가고
어제 산 물건을 가져올 택배 아저씨를 기다리며
목을 빼고 양지에서 햇볕과 놀고 있다

서산으로 지는 해를 붙잡고
붉은 노을 이야기로
스마트폰에 글 한 줄 남기고 있다

장미길

담장에 붉은 장미 입술 내밀고
하나둘 따라 나왔다
검붉은 루즈 진하게 바르고

떠가는 구름에게 묻는다
뚝방 장밋길 장미가 피었던가
내 친구 고개 내밀고 나를 기다리고 있던가
버드나무집 할머니
장미길 다듬던 이장님 숨소리는 좋던가
큰 돌에 새긴 사랑한다는 말
지워지지 않았던가

바람 함께 지나며
봄 내내 하늘 보며 땀을 흘리더니
한 닢 두 닢 포개어
붉은 입술 만들었다
열정 사랑 떨림도 같이 넣었다

꾸불꾸불 내 고향 장미길
할미와 이장님 장미 천국 열었다고
짙게 바른 루즈 입술
혀를 밀어 넣고 싶은 유혹이다
생각만 해도 마음이 쿵 한다

철학자가 된 것 같다

큰 개불알 풀

풀을 뽑다가
너를 보았다
너두 예뻐서
뽑지 못하고
그냥 두었다
넌
함께 모여 있으니
너무 곱구나

호박꽃이 웃고 있다

햇살 따갑게 내리는 아침
예초기 매고 호박밭으로 갔다

누가 호박이고 누가 풀인지
마음 놓고 자랐다
망초도 유난히 활짝 웃고 섰다

여기저기 호박꽃이 아기 호박을 달고
다른 동네를 기웃거린다

악셀 세게 당겨 풀을 베는데
개구리 한 마리 폴짝 뛰는 바람에
풀 속 호박 줄기 몸통을 잘라 먹었다

아이쿠 어쩌나

몸통 잘린 줄도 모르고
노란 호박꽃 벌과 함께 놀며
철없는 아이처럼 깔깔깔 웃고 있다

부처님 웃음이다

가을 장미가 핀 까닭

된서리 내리고
하늘이 파랗게 핀 날
장미 한 송이도 붉게 피었다

날씨 때문일까
치마라도 걸렸는가
하늘을 보고 소리를 지르고 있다

무슨 할 말이 있는지
빨간 립스틱을 진하게 바르고
예쁘게 피었다

찬바람에 벌벌 떨면서
늦가을에 핀 까닭을
파란 하늘에 물어본다

하얀 찔레꽃

산바람이 보내온
향기 따라가 보니
하얀 찔레꽃 덤불이다

놀란 박새가 지저귀며
자리를 피해 주었다

붉은 옷 입고 쑥 자란
찔레 순을 꺾어
어릴 적 추억을 먹었다

찔레꽃 진한 내음도
내 동심에 싱긋 웃었다

금계국이 피었다

여름 코스모스 금계국
여덟 개 꽃잎 달고
노란 꽃을 피웠다

마을 도로 양쪽에 피어
지나는 사람의 마음을 흔들어 댄다

뒷집 김 여사 꽃 색깔 향기가 좋아
금계국을 키운다며
손자 업고 흥얼흥얼

봄바람 불어 한들한들
금빛 물결 만들면
상쾌한 기운이 온 마을에 퍼진다

검은 선글라스 낀 아가씨
빨간 차 세워두고
금계국 길 배경 삼아 찰칵찰칵
셀프 사진 담기 바쁘다

파란 하늘 떠가는 구름에도
노란 손수건 흔들어
상쾌함을 물들이고 싶다

4 부
가슴에 봄 가득 채우러

쉼표하나

코스모스가 말한다
쉼표하나 찍으라고

찍고 보니
감도 보이고
대추도 보인다

그렇게 울던 매미들
나뭇가지 위에
울음보 올려놓았는지
산새 소리만
귀를 간질인다

코스모스 또 말한다
쉼표하나 더 찍자고

찍고 보니
밤송이 안에 올망졸망
알밤들이 웃으며 반긴다

곰탕

장터 뒷골목 곰탕집 굴뚝에
연기구름이 뭉게뭉게 피어오른다

긴 시간 진한 국물 우려낸
장꾼들의 허기를 채워줄
곰탕이 익어간다

뜨끈한 국물에 밥 한술 뜨고 나면
천석꾼도 부럽지 않다며
이마에 흐르는 땀을 닦는 장꾼들

뚝배기 곰탕 진한 맛에
할머니의 마음도 익어간다

막차

가로등 불빛이 플랫 홈에 가득한 시간
모두 종종걸음으로 열차를 탄다

할머니 손을 잡고 배웅하는 청년
헤어지기 싫어 차를 타지 않는 연인
손잡고 뛰어오는 부부
모두가 바쁘다

네온사인 불빛이 멀어지며
도시의 거리를 뒤로하고 달리는 열차는
덜커덩거리며 달린다

하얀 호랑이 눈을 부릅뜨고
까만 밤을 헤치고 집으로 간다

매미들의 함성

아스팔트 위에 아지랑이가
무희의 춤 솜씨를
보여주고 있는 시간

폭염 속에서
울어대는 모습이
하늘 끝을 찌르고 있다

티비 속에는 세상이 꺼질 듯
시끄럽고 뭉개지고 있다

매미야 더 크게 울어라
싸움꾼들의 소리를
우주로 보내줘

일곱 시간의 여행

나는 밤 열 한시가 되면 죽는다
내 생각이 그렇다

자리에 누워
까만 밤을 보고 있으면
그냥 죽어 버린다

그런데
그곳에 가면
첫사랑이 나타나
멋진 카페에서 커피를 마시고
칼질을 하며 저녁도 먹고
영화도 본다

다음 날은 친구들과
화성에 가서 높은 산에
등산도 가고 시도 배웠다

세계 내리는 빗소리에
눈을 뜨 보니 꿈처럼
일곱 시간의 여행이었다

죽었다가 살아난 것이다

휴지통 속의 비밀

집안 모퉁이에서
보초를 서고 있다

눈치코치 없이
주는 대로 받아먹고 있다

더럽다고 하고
필요 없다고
미련 없이 버린 것을
꾸역꾸역 먹었다

감기 코 휴지
쓰다가 그만둔 편지
보약 봉지들
배가 꽉 차는 날
사람들의 똥처럼
주인집의 비밀은 사라진다

어느 날 해부하듯
하나하나 뒤지며 찾고 있다
나는 알고 있다
주인의 비밀을

뻥튀기 아저씨

자, 뻥 합니다
큰 소리로 외치고 박상기계를 열어젖히니
하얀 수증기가 뻥하고 터져 나왔다

뻥 소리에 놀란 할머니
아이고 깜짝이야 하고
걸음을 멈추었다

옥수수 한 되 튀긴 할머니
사천 원에 뻥튀기 한 자루
품에 안고 길모퉁이 사라진다

아저씨는
자, 뻥이라며
소리 지른다

향기, 그 우포

먼 산
머리에 붉은 바다가 열릴 때
두루미들 날갯짓이 한창이다
긴 대나무로 노를 젓는 노인
붉은 여명과 한 폭 그림이 된다
먹구름이 된 가창오리 떼
배를 채웠는지 짖어대는 그 소리가 늪을 흔든다
붉은 해 떠오를 때 거물 걷이 그 할아버지
입이 귀에 걸렸다
붕어 잉어 가물치 게다가 장어까지 망태기에서
그 고운 비린내 내 코에 머문다

그러할 테지
그러하겠지 나한테도

은빛 올챙이들의 여행

무궁화호 차창에
올챙이가 간다
대각선으로 줄지어 간다
은빛 꼬리를 흔들며

꼬리 긴 놈도
짧은 놈도
머리만 있는 놈도
차창을 헤엄쳐 간다
몇 가리 혹은 떼를 지어

서울행 무궁화호는
한두 컷 파노라마 남기며
바쁘게 달린다
올챙이들 여행을 뒤로하며

먼 산 수묵화 배경 두고
은빛 올챙이들 바다로 먼 여행이 행복해 보인다
빗줄기가 거세어진다

빨래

소나기라도 왔으면
좋을 듯한 날

간밤에 빨랫줄에
흔적을 남긴 빗방울이
햇살에 반짝거린다

장마 후 태양은 대지를
용광로의 쇳물같이 달구고 있다

구름아 느티나무 그늘처럼
가리개가 되어주렴

빨래 같은 마네킹이고 싶다

모기

반바지 차림으로 해넘이
보러 나갔을 때

게릴라처럼 공격해 오는 모기
무방비 상태로 당했다

혼자 중얼거리다 보니
벌써 봉오리 두 개가 솟았다

싫다

더위도
모기도
투덜거리다 보니
가려움증이 사라졌다

파도

모래에 부딪히는
하얀 파도
모래알과 싸움하듯
노래를 한다

하얗게 부서지는 모습이
걱정을 안고 사는
아낙의 마음같이
부딪히며 운다

파도는 그렇게 노래를 한다

매미 울던 날

삼계탕집 앞 사람들이 줄지어 서 있다
중복 더위를 이겨야 한다며

배롱나무 붉은 꽃가지 흔들며
매미 울음소리 요란하게 들린다

온도계는 빨간 막대를 최고로 올리고
그늘 아래 부채질하는 노인들
코로나 얘기하며 더위를 버틴다

더위가 달콤하다며
수컷 매미 노랫소리 커지고
파란 하늘에 떠가는 뭉게구름을 보며
한 달이 아쉬운 듯
목청 높여 울고 있다

삼계탕 펄펄 끓는 소리에
침이 꿀꺽 넘어간다

화가

예초기를 들여다보며
큰 돋보기 너머로 눈이 멈춰 있다

바람에 흐트러진 머리가
깊은 생각에 빠진 화가의 모습이다

나사가 박히고 시동을 걸기 전에
마지막 부품을 맞춘다

화가는 줄을 당겨
택택택하며 소리 내는 캔버스를
붙들고 마음을 불어 넣는다

예초기는 날개 돌아가는 소리에
그림이 되었다

청개구리

겨울잠을 잔다며
갈색 옷을 입었더니
어느새 녹색 옷을 입었다

나뭇가지에 앉아 있어도 보이지 않는다

오늘은 왜 울고 있는지
비가 올는지 짝을 찾는지
깩깩깩 소리가 더 많이 난다

가뭄이 심해서인지
청가구리는 깩깩깩 자꾸 울어 댄다
우는 이유가 궁금하다
어디로 뛸른지도 모르겠다

매미

미루나무 가지 사이로 새어 나온
참매미의 울음소리
나뭇잎처럼 싱그럽다

하지 무더운 날씨에
참매미의 세상 구경이 빨라졌다

고목에 붙은
허물의 흔적을 떠올리며
더위를 걱정해 본다

느티나무 아래서
삼계탕으로 더위를 식히던 그때
울어주던 맴 맴맴 소리가
하짓날 찾아온 반가운 손님 같다

올여름 더위가 걱정이다
매미는 계속 울 것인데

해설

놓친 서정의 그리움

시인·평론가 **김 동 원**

들어가는 말

 길을 걷다가 우연히 얻는 풍경은, 모두 좋은 서정시의 바탕이 된다. 놓쳐버린 버린 것들에 대한 아쉬움, 미처 헤아리지 못한 그리움의 언어가 그것들이다. 시는 가슴으로 와서 한숨 속에 꽃이 핀다. 때로는 고향 뒷산의 뻐꾸기 울음소리로, 때로는 첫사랑의 아련한 기억으로 태어난다. 봄꽃 속에서 핀 어릴 때 동무들의 얼굴과 논두렁 밭두렁 가에 핀 이름 모름 들꽃까지, 이 세상 시가 되지 않는 것이 없다. 애달픈 시는 바람에 흔들리는 댓잎 사운 대는 소리가 난다. 어두운 구름 속에서 엷게 발묵한 달무리처럼, 뛰어난 서정시는 한 폭의 수묵화가 된다. 시는 시인의 개인적 체험일 수도 있고, 타자의 행위가 시 속에 투영되어 태어난 것일 수도 있다. 행과 연의 유기적 관계 속에서 움직이는 서정시는, 감동과 역설, 탄성과 은유, 직유와 반전, 감각과 이미지 사이의 놀라운 서사가 모여, 멋진 서정시가 된다. 서정시의 갈피는 느낌이 좋아야 여운이 길다. 특히, 60년대에서 80년대까지는 풍경과 서경의 합치된 이야기들이 노래로 불러졌다.

 시인마다, 독자마다, 개성이 천차만별이어서, 쓰는 사람도 읽는 사람도 참으로 행복한 시 읽기였다. 어떤 시인은 향토

적 풍경을 들고나와 사랑을 받았고, 어떤 시인은 도시적, 감각적 이미지를 그려내어 찬사를 받았다. 무릇 좋은 서정시는 가슴을 설레게 하는 시가 일품이다. 익숙한 시어들을 잘 닦아 자신만의 특별한 이미지를 입혀 새로운 감각으로 치고 나올 때, 그 시는 빛난다. 현대 시던, 법고와 창신을 기반으로 한 기존의 서정시이던, 시는 신비로운 세계임엔 틀림없다. 조금 투박하여도 자신만의 독창적 개성이 있으면, 시는 이미 그 역할을 다한 셈이다. 전시대의 풍경과 서정이 그리운 이유는, 아직도 그런 정서와 기억을 불러일으키는 기성세대들이 많다는 뜻이기도 하다. 서정시의 길은 물의 언어이자, 강의 언어이다. 뒷산의 숲이나 나무의 언어이자, 추억과 기억의 언어이다. 시의 표정은 매순간 메시지로 드러나고 이미지로 확장된다.

하여, 김상호의 이번 시집 『감꽃이 피면』은, 고향의 달빛과 바람의 언어로 구성되어 있다. 그의 시에서 호명된 온갖 들꽃은, 삶의 구체적 장소이자 시가 태어난 시간이기도 하다.

그의 시는 실존을 감각화하여 서정을 통과한 감성과 울림이 깊다. 서정시는 아득한 옛날부터 내려온 무형의 언어들이다. 김상호의 시는 달과 바람과 어머니와 고향을 빌어 대신 노래한다. 때로는 다양한 땅의 말을, 때로는 하늘의 푸른 언어를, 때로는 아내를 사랑하는 지순한 말로 별빛처럼 쏟아낸다. 그의 시가 길의 시라고 불리는 까닭이 그런 연유이다. 밤하늘 달빛의 순행을 따라 인간의 영고성쇠를 노래한다. 사물의 허상을 벗고 궁극적 실재를 추구한다. 그의 서정시는 경험의 길이자, 초월의 길이다. 그는 자연을 한 폭의 아름다운 그림으로 보고 있다. 연못 속에 비친 산과 그림자를 통해 수많은 영감을 얻는다. 감꽃에 얽힌 추억과 개인적 서사는 그래서 소중하다. 하여, 김상호는 이번 시집에서 온갖 꽃들의 감촉과 색채를 정신과 혼의 언어로 바꾸는 작업을 하고 있다. 훌륭한 시나 그림은 사람의 마음을 한없이 행복하게 한다. 어떨 땐 작품에 홀려 카타르시스를 느낀다. 답답하던 가슴이 뻥 뚫리는 기분이 된다. 언어가 그림이 되고 그림이 시가 되는 순간, 좋은 시인은 세계를 향해 자신의 이야기를 속삭인다. 시적인 인식, 사물에 대한 시각, 서정의 빛깔을 자신에게로 흡수하는 시인은 아름답다. 하여, 김상호의 시집 표제가 된 「감꽃이 피면」은, 그래서 더욱 빛난다.

감꽃이 피면

우선, 김상호의 이번 시 「감꽃이 피면」은, 고향의 정겨운 풍경들이 파노라마처럼 흘러간다. 그는 어릴 때 놀던 집과 첫사랑을 중심으로, 추억의 갈피를 시의 숟갈로 떠먹는다. 서정시는 그리움과 기다림을 형상화한다. 감동과 울림, 여운과 추억의 언어 구사는, 좋은 서정시가 나아갈 방향이다. 시가 그렇듯, 기억과 후회, 안타까움과 반추는, 시적 통일성에 이르러 조화롭게 완성된다. 감정을 밀어 넣는 이런 행간의 변주는, 화자의 진정성으로부터 출발한다. 시 「감꽃이 피면」은 시인의 개인적 체험이 이야기에 감겨 고운 색실처럼 풀려 나온다.

> 나 어릴 적 이웃집 마당에 수십 년 된
> 감나무가 있었다
>
> 감꽃이 피면
> 고운 별들이 떨어져

고운 손으로 줍던 기억이 난다
친구 순이는 목걸이도 둘렀었다

이른 봄 먼저 찾아온 매실은
초록 구슬이 되어
주렁주렁 달려 뽐내고
아침햇살과 찾아온
참새가 가지에 앉아
아름다운 목소리로 힘을 돋웠다

그때 그 순이도
흰머리가 멋있을 나이로 낭만에 젖어있을까

이젠 옛 추억도 사라져 간다

— 김상호, 「감꽃이 피면」 전문

  시인의 내면이 공허하면 시의 의식은 표면에 머문다. 서정시에서 일인칭의 고백이 중요한 까닭은, 시인의 개인적 체험이 시 속에 녹아 있기 때문이다. 생생한 경험이야말로 서정시가 추구해온 동일성의 시학이 추구하는 방향이다. 「감꽃이 피면」는 '나'의 경험과 주변의 풍경이 버무려져 묘사를 만든다. 첫사랑의 풋풋한 감성이 "감꽃"을 "줍던 기억"으로부터 번져 나간다. "이웃집 마당에" 서 있는 감나무는, 이 시의 전반적 주제 의식을 시각화한다. 봄을 알리는 매화 역시 "초록 구슬"로 은유 된다. 이런 풍경은 "아침 햇살"에 찾아온 "참새"의 "아름다운 목소리"로 더욱 공감각화 된다. 아마도 그 옛날

'순이'는 늙어서 도리어 고운 감꽃 할머니가 되어 있을 것이다. 감성과 공감이야말로 김상호의 시에서 중요한 테제로 작동한다. 좋은 서정시가 다 그렇듯, 자기만의 언어가 필수 요건이다. 시는 숨기고 싶은, 자신의 아픈 흔적을 들춰내는 용기에서 비롯한다. 고뇌와 탁마의 절박한 지점은 좋은 서정시가 나아갈 방향이다.

사모곡(思母曲)

시인에게 있어 먼저 하늘로 간 어머니를 추억하는 일은 통곡과 같다. 이 세상 사모곡보다 더 곡진한 시가 있을까. 그만큼 자식에겐 모정보다 더 위대한 사랑은 없다. 어머니라는 존재를 떠올리는 것만도 어린 날엔 큰 위안이 된다. 이 세상에서 가장 먼저 만난 분도 어머니다. 하여, 청년기 때나 어른이 된 이후에도 어미는, 사람살이의 중심이 된다. 자식에게 모훈(母訓)은 평생 엇길과 바른길을 가는데 등불 역할을 한다. 시「스무 살 같은 하루」는, 어느 날 갑자기, 젊은 날 시인에게 따뜻한 "아침" 밥을 차려주던 어머니가 그리워 시(詩)를 쓰게 된다. 시인에겐 '엄마'는 고향 집과 같은 존재이자, 뒷산 숲속 "뻐꾹"새 울음 같은 정겨움을 준다.

아침 먹어라는 엄마의 카랑카랑한
목소리가 문틈으로 들어왔다

아침을 굶어도 아무렇지도 않은데
억지 엄마의 마음을 보고 싶다

친구와 술 한잔하고 왔는지를 아는 엄마는

콩나물국을 끓여 놓았다

뻐꾹이가 뻐꾹뻐꾹 하면서 날아갔다
어쩌면 나를 보고 욕하는 것 같이 들렸다
어젯밤에 나를 본 것처럼

얼른 세수하고 집에서 멀어져
공원의 의자에 앉아 폰을 꺼내 *쉬리에게 말한다
쉬리야 알지
전화 걸어줘

아직 스무 살 같은 하루를 살고 싶다

—김상호, 「스무 살 같은 하루」 전문

  시인에게 있어 젊은 날의 엄마는, 자식에 대해 모르는 게 없는 분이다. 밥을 굶었는지, "친구와 술 한잔하고" 들어왔는지 족집게처럼 알고 있는 사람이 엄마다. 그래서 시원한 "콩나물국"을 몰래 끓여 놓는다. 혹여 자식이 속 쓰릴까 싶어 걱정이 이만저만 아닐 터이다. 세상 어머니라는 존재는, 아버지 몰래 자식 허물을 치마 속에 평생 묻어두고 산다. 하여, 어머니는 뒷산 보름달에 비유되기도 하고, 넓은 바다에 환유되기도 한다. 초로의 시인은 멀리서 들려오는 뻐꾸기 소리를 듣다. 불현듯 돌아가신 어머니가 간절히 그리워졌다. 하여 "공원" "의자"에 앉아 핸드폰 쉬리를 향해 '어미'에게 전화를 걸어달라고 애원한다. 마치, "스무 살" 때 어머니를 만난 듯, 시인은 간절하고 곡진한 마음으로 돌아가신 어미를 호명한다. 좋은 서정시가 다 그렇듯, 시는 삶의 구체적 장소에서 태어나며, 오감에 의해서 이미지로 발현된다. 하여, 김상호의 「스무 살 같은 하루」는, 시를 통해 실존을 사유케 하며, 그것은 어머니를 통해 사모곡의 형식으로 형상화되었다.

사부곡思父曲

옛날 시가나 노래를 보면 사모곡은 많이 불려졌지만, '사부곡(思父曲)'은 흔치 않다. 아버지의 사랑이 부족해서가 아니라, 근대 유교 사회에선 '아비'는 그만큼 어려운 존재였다. 김상호의 「바람이 다가와 기억을 풀다」는, 가슴을 저릿하게 하는 감동적인 시이다. 서정시의 본령을 보여주는 이시는, 개인적 서사가 있는 노래다. "근엄하고 신사"인 아버지에 대한 기억이 꿈을 통해 새롭게 교직 된다.

> 아버지가 오셨다
> 아주 근엄하고 신사다웠다
> 바람이 휙 불면서 사라졌다
> 꿈이었다
>
> 고요한 숨소리 같은 바람은
> 어릴 적 기억을 희미하게 꺼내 주었고
>
> 꽃대 흔들던 꽃바람은
> 말없이 안아주던 침묵의 사랑을
> 떠올려 그리움으로 만들었다
>
> 귀가 아플 정도의 칼바람은

> 높은 산이고 큰 나무였던
> 아버지의 모습을 보여주었다
>
> 바람이 다가와 아버지의 기억을
> 실타래처럼 풀어 주었다

— 김상호, 「바람이 다가와 기억을 풀다」 전문

시 속에 비현실적 느낌을 잡아내려면, 꿈이 좋은 재료가 된다. 꿈은 인간의 무의식을 드러내 주며, 붙잡을 수 없는 것에 대한 연민을 생성한다. 시 「바람이 다가와 기억을 풀다」는, 시작법에 있어 '기억'의 방식이 얼마나 한 시인에게 많은 영감을 불러일으키는지를 잘 보여준다. 시인의 기억 속엔 아버지는 "꽃대 흔들던 꽃바람"처럼, 귀한 존재로 자리매김한다. 보통의 경우 아버지는 어둠과 밝음, 폭력과 불편의 대상이지만, 시인의 아버지는 아들을 "말없이 안아주던 침묵의 사랑"이자 "그리움"의 대상이다. 하여, 시인의 시에선 '바람'이 다가와 기억을 풀어 주는, 높고 넓은 자애심 깊은 아비로 부활한다. 그에게 아버지는 "칼바람"을 막아주는 "높은 산"이자 "큰 나무"로 상징된다. 어쩌면, 김상호에게 시는 몸의 장소이자, 시간의 무늬인 셈이다. 때론 기억의 방식으로, 때론 호명의 방식으로, 그의 서정시는 추억을 통해 쓰여 지고 있다.

길

이번 김상호의 시집 『감꽃이 피면』에서 또 다른 중요한 시적 주제는, '길'을 인생에 비유한 그 사유의 깊이에 있다. 인생은 어쩌면, 길 위에서 태어나 길 위에서 끝을 맺는지도 모른다. 사람살이를 바람길로 부르는 까닭도 그런 연유이다. 길을 걷는다는 것은, 사물의 뒤쪽을 향해 웅얼거림과 성찰의 시간이기도 하다. 돌아보고 후회하고, 또한 그 길 위에서 새로운 질문과 답을 동시에 얻기도 한다. 한편, 길은 두려움의 시간이자 공간이기도 하다. 한 번도 가보지 못한 미지의 세계이며, 오로지 인간에게 질문하게 하는 신비의 사건이기도 하다. 길 위에서 우리는 보고, 느끼고, 만진다. 시「길에게 묻는다」는, 사물에 대한 예사롭지 않은 발견과 응시를 통해, 과거와 현재, 그리고 미래를 탐색한다.

  바람도 스쳐 간다
  내가 가는 길을 같이 간다

  가고 싶은 곳도
  보고 싶은 사람도
  내가 왔던 길을 같이 스쳤다

  사랑도
  외로움도
  그리움도
  즐거움도 가지면서 걷는 길

  친구가
  아프기 전에
  내려놓아라한다

  마음이 아프고

돌부리에 걸려 넘어진다면서
　　쉬엄쉬엄 가라 한다

　　뒤 돌아보며 길에게 묻는 인생구비
　　산등성을 넘는
　　흰 구름을 닮았다

　　　　　　　　　　— 김상호,「길에게 묻는다」 전문

 스치는 것이 어찌 시간뿐이랴. "내가 가는 길을" "바람"도 함께 간다는 놀라운 인식은, 이 시의 장점이다. 하여, 시인은 길 위에서 자문자답한다. "가고 싶은 곳도 / 보고 싶은 사람도 / 내가 왔던 길을 같이 스쳤"노라고 외친다. 그렇다. 길은 우주의 온갖 운행이 사람과 맞물려 돌아가는 시공(時空)이다. 길 위에서 새로운 이미지를 얻고, 생기를 보충한다. 길은 아득히 멀어지는 그리움에 비유된다. "사랑도 / 외로움도 / 그리움도 / 즐거움도" 길을 걸으면서 얻게 된다. 하여, 길은 우리에게 요구한다. "아프기 전에" 모든 번뇌 망상을 "내려 놓"길 요구한다. "뒤돌아보면" 참으로 허망한 것이 지나온 길이다. 하여, 길의 뒷등을 자세히 들여다보면, "산등성을 넘는 / 흰 구름을 닮았다"

시적 발상

 놀라운 시적 발상을 전개하려면, 이미지는 생기를 얻어야 하고, 이야기 짜임과 구성의 치밀함은 묘리를 터득해야 한다. 기발한 발상은, 읽는 독자들의 마음을 흔들어 새로운 세계로 데려간다. 이런 상상력이야말로 시인이 줄곧 추구해야 하는 시의 세계이다. 서정시는 수백 번 실패하면서 앞으로 나아간다. 한순간에 새로운 시어를 얻는 것은 없다. 넘어지면서 일어나고, 일어나면서 밀고 나가는, 시인의 자세야말로 시적 행간을 아름답게 한다. 우선 김상호의 「삼월을 팝니다 1」란 시의 제목은 성공적이다. '삼월'을 '팔다'니, 참 시인의 ㅅ안(詩眼)은 놀랍기만 하다.

  삼월이 시장에 나왔어요

  흰 수건 두른 할머니
  무릎 앞에
  냉이 달래도 데리고
  쪽파 한 묶음씩 놓아두고
  연근 3개 만원도 붙어있다

  당근 호박 부추 배추 파는
  앞치마 두른 아줌마
  돈 넣기 바쁘다

  통닭집 아저씨의 고소한 향기
  한 마리 육천 원
  고등어 두 마리 오천 원
  갈치 한 마리 만원
  고함 소리에
  칼 두드리는 장단과 같이
  검은 비닐봉지 속으로 팔려나간다

덤으로 파는 삼월 햇살도
만원하고 소리 지르니
오일장 봉지 속으로
꿈결처럼 들어 가버리는 풍경

정겹다

— 김상호, 「삼월을 팝니다 1」 전문

밤낮으로 시인은 시를 쓰고, 지우는 행위를 반복한다. 김상호 역시 시작(詩作)을 하면서, 어떤 시어를 넣어야 죽고 사는지를 끊임없이 자신에게 물어보았으리라. 이 시는 "삼월이 시장에 나왔어요"라는 첫 행으로 이미 좋은 시가 되었다. '삼월'을 은유로 바라본 시적 기법은 상당한 수준이다. 대상에 대한 지극한 사랑만이 시인과 한 몸이 된다. 아마도 시인은 "냉이", "쪽파", "연근"도 삼월이 데리고 나왔음을, 독자에게 눈치채게 한다. "당근, 호박, 부추"를 파는 아주머니가 시장에 나온 이유도 '삼월'이 불러냈기 때문이리라. 이렇듯, 시는 언어 이전의 세계를 언어의 세계로 호명하는 작업이다. "통닭집 아저씨의 고소한 향기"도 삼월에 의해 호명되며, "고등어", "갈치"를 "검은 비닐봉지"에 담아 파는 것도, 어쩌면 삼월이 왔기 때문이다. 하여, "덤으로 파는 삼월 햇살도 / 만원하고 소리" 지른다. 참으로 아름다운 언어의 유희다. 하여, 김상호의「삼월을 팝니다 1」는 "정겹다".

시와 그림
자연은 그 자체가 한 폭의 그림이다. 산과 물은 자연이란 공간과 시간을 통과하면서, 다채로운 색채로 산수화가 된다. 시는 대상을 행과 연 사이에 이미지로 구성한다. 빨강·파랑·노랑을 모두 섞은 검정이 어둠이라면, 달빛은 그 검은색 밤하늘을 수놓는 멋진 화가이다. 어찌 보면 시는, 그림으로써 시 쓰기, 시로써 그림 읽기이다. 봄 여름 가을 겨울은 황홀한 그림의 소재이다. 흰 눈 속에 핀 분홍 매화가 그렇고, 진달래 산천이 그러하다. 오색 단풍과 폭설의 아름다움은, 자연이 화경(畵境)임을 보여준다. 하여 시는 지금까지 본 사물의 색채를 정신과 혼의 언어로 바꾸는 작업이다. 인간은 언어 유희의 동물이다. 틈만 나면 놀이의 세계에 빠져든다. 그런 시선으로 세계와 사물을 그려내면 수준 높은 시가 된다. 훌륭한 시나 그림은 사람의 마음을 한없이 행복하게 한다. 좋은 시는 이미지와 메시지가 적절하게 섞일 때 빛난다. 행과 연 사이의 시적 모호성은 미지에 태어날 언어의 화폭이다. 어떤 시는 구상화가 되고, 어떤 시는 추상화가 된다. 김상호의「못 둑에 앉아서」는, 산과 물의 번짐 방식이 얼마나 시적인지를 잘 보여준다.

　　　산봉우리 두 개가 못에 빠져
　　　그림이 되었다

　　　언덕 위 빨간 옷을 입은 집도
　　　짙은 녹색 배경으로
　　　물속에 거꾸로 서 있다

　　　산바람 불어와
　　　산봉우리와 빨간 집을 뭉개고

다시 짓기도 하며
작은 물결로
못을 덮어 버렸다

망초꽃 바람에 일렁이는 소리에
묻어 놓은 내 마음도
푸르름에 빠져 그림을 그렸다

오월의 하늘도 화가가 되었다

— 김상호, 「못 둑에 앉아서」 전문

 김상호의 시 「못 둑에 앉아서」의 첫 행은, 멋진 수묵화를 연상시킨다. "산봉우리 두 개가 못에 빠져 / 그림이 되었다" 그렇다. 연못 속에 빠진 산봉오리의 어룽거리는 물그림자를 보고 있으면 황홀하다. "언덕 위 빨간 옷을 입은 집도" "물속에 거꾸로 서 있"는 모습도 모두 그림 같다. 이런 사물의 도치는 시의 의미망이 그만큼 다양하다는 뜻이다. 수묵화는 동양미학의 정점이다. 이 시의 놀라운 특징은, "산바람 불어와 / 빨간 집을 뭉개고 / 다시 짓"는, "작은 물결"의 이미지이다. 물결은 얼마나 위대한 화가인가. 순식간에 연못을 덮고 그 물 위에 새로운 그림을 그린다. 시인은 자연을 통해 "망초꽃"이 "바람에 일렁이는 소리"를 듣는다. 하여, 시인은 「못 둑에 앉아서」 "오월의 하늘"이 위대한 "화가"가 되어 가는 과정을, 멋진 시로 남겼다.

서정과 이야기

서정시는 감동과 여운을 낳는다. 좋은 서정시는 한 편의 이야기가 잘 얹혀있다. 사람은 무진장 이야기를 좋아한다. 어떤 풍경을 보거나, 어떤 상황과 맞물릴 때, 꼭 행간 속에 이야기 하나씩을 넣어 상상을 하곤 한다. 허공에 해와 달이 움직이는 것도, 알고 보면 하늘과 땅이 짓는 이야기다. 숲은 바람과 이야기를 하고, 나무는 산새와 무어라 소곤거린다. 시는 천지만물의 생사를 이야기 구조로 꾸민다. 보이는 세계를 통해 보이지 않는 것들의 비밀을 이야기로 풀어낸다. 좋은 시인은 문체를 바탕으로 언어의 끌로, 사물의 이야기를 풀어나가는 이야기꾼이다. 김상호의 「와운(臥雲)골 이야기」는 그래서 궁금하다.

    구름도 숨이 가빠 쉬어가는 와운 마을
    천년 송 가지마다 새잎을 피워 놓고
    골골마다 구성진 물소리
    지리산 마고 할미의 치맛자락을 적시며
    길손의 하룻밤 잠을 뒤척이게 만드는 밤

    보리 밭이랑을 간질이며
    산 능선을 넘는 바람의 애교보다
    더 따뜻한 흔들림으로
    봄날 햇살 같은 산수유 노란 꽃잎들이 들썩이며
    당산 할미의 부릅뜬 눈길도 잠재운다

    임란 시절 지난 이야기들 그게 뭐 대수냐며
    심드렁히 누워
    밤새 쏟아 내리는 별빛을 받으며

온 지리산과 길손을 위로할 것만 같은
선홍빛 아침 해가 뜨기를 기다리는 와운골
천년 송 할아버지 할머니의 바람이
선한 이웃들의 과녁으로 피어나고 있었다

— 김상호, 「와운(臥雲)골 이야기」 전문

  누운 구름이란 뜻의 와운(臥雲)은 얼마나 시적인가. 김상호의 「와운(臥雲)골 이야기」는 제목부터 성공적이다. 시는 구체성에서 추상의 이미지를 끌어낸다. 풍경과 삶의 재발견이 서정시의 덕목이다. 평이한 언어로 순간순간을 엮어가는 것이 서정시이다. "구름도 숨이 가빠 쉬어가는 와운 마을"에서 듣는 "구성진 물소리"며, "지리산 마고 할미"의 고즈넉한 옛 이야기는 "길손의 하룻밤"을 뒤척이게 한다. 생각만 해도, 와운골의 이야기들이 "보리 밭이랑을 간질이며" 지리산 골짜기를 타고 내려올 것만 같다. 봄날 "산수유 노란 꽃잎"이 지난 겨울 어떻게 지내왔는지를 듣고 있으면, 산안개 사이로 바람이 소곤대는 이야기가 들릴 것만 같다. 「와운(臥雲)골 이야기」 속에는 현대인이 모르는 역사의 아픈 상처도 보인다. "임란 시절"의 슬픈 이야기도 들린다. 그러나 지리산에 "별빛"이 쏟아지는 밤이 오면, 금방이라도 밤하늘 별들이 뛰어내릴 것 같다. 이 모든 그리운 이야기는 지리산 자락에 사는 "선한 이웃"들이 있기에 가능하다. 참으로 이 시는 현대 사회의 복잡다단한 광고 이미지에 둘러싸인 독자에게, 한순간 신선한 산바람 같다. 좋은 서정시는 산능선의 메아리 같은 여운과 울림이 멀리에서 들려 온다.

맺은 말

　이번 김상호의 시집 『감꽃이 피면』 속에는, 시편마다 따뜻한 서정과 풍경의 이야기들이 빼곡하게 들어차 있다. 편 편마다 고향 산천의 이야기들이 굽이굽이 휘돌아 간다. 부모님과 어린 날의 기억, 애틋한 아내와의 추억, 숲과 나무와 꽃들의 이야기들이 한 아름 피어 있다. 서정은 개인에게도 읽는 독자에게도 무한한 그리움을 떠올리게 한다. 좋은 시를 읊조리면 그 사람의 얼굴이 떠오르고, 그 장소가 떠오르고, 그곳의 향기가 번져오게 마련이다. 현실 속의 기쁨이든, 지나간 과거의 고통이든, 자신만의 곁고튼 감각은 언제나 중요하다. 어쩌면, 시는 장소와 시간을 지우는 작업이지도 모른다. 시를 통해 잊어버리고 싶은 번뇌와 욕망을 씻어내는 카타르시스인지도 모른다. 특히 서정시는 타인과의 공감과 소통을 매개로 감동과 여운을 불러일으킨다.

　김상호는 「가뭄」을 통해 "산불"의 안타까움을 시로 형상화한다. "비 한 방울" 없는 자연의 야속함을 행간에 드러낸다. "땅"이 "물"을 "먹고 싶다"며 외치는 장면은 기우제를 연상케 한다. 「갯쑥부쟁이」는 "돌담 틈에서 / 싹을 틔우"며 올라오는 꽃의 생명을 노래 하였다. 사랑하는 "님"과 "닮은 연보라빛" 꽃은 "가을 향기"가 되어 허공에 퍼진다. 시 「막차」는, 밤늦게 기차역을 배경으로 오고 가는 사람들의 표정을 행간에 담았다. 늙그막한 인생은 '막차'에 비유되기도 한다. 초로에 접어든 시인의 눈에는 "할머니 손을 잡고 배웅하는 청년"도 범상치 않은 풍경이다. "헤어지기 싫어 차를 타지 않는 연인"의 장면에서는, 그 옛날 자신의 젊은 날을 떠올렸는지도 모른다. 시나 삶이나 어쩌면 "도시의 거리를 뒤로하고 달리는 열차"인지도 모른다. 저마다 자신의 선로를 "덜커덩 거리며" 빠

르게 현실을 스쳐 간다. 마지막으로 이번 김상호의 시집『감꽃이 피면』속에서, 가장 애틋한 시「아내의 손」을 소개하면서 마칠까 한다.

> 어젯밤 당신의 손을 만져 보았소
> 달빛에 비친 얼굴도 보았소
>
> 아이 셋 키우고 손주들 본다고 그랬던가
> 나이와 함께 주름 꽃이 아름답게 피었소
>
> 모래바람이 수없이 얼굴을 스치고
> 장대같이 쏟아진 빗방울의 흔적도 아닌
> 아이들에게 바친 고귀한 선물 같은
> 아름다운 세월의 흔적들이 고여 있었소
>
> 다이아몬드가 박힌 반지 만들어
> 주름진 손가락이 빛나게 끼워 드리고 싶소
> 설 지나 보약도 한재 달여 드리고 싶소
>
> 그렇게
> 올해 칠순이 되었소
>
> — 김상호,「아내의 손」전문

「아내의 손」은 곡진하다. 정겹고 따스하다. 좋은 서정시가 다 그렇듯, 달빛이 배꽃 가지에 말을 거는 것처럼 아늑하다. 환히 비친 달밤에 아내의 손을 잡는 시인의 감성은, 놋그릇처럼 쟁쟁한 울림이 들린다. 이런 아름답고 귀한 행위는, 논두렁 밭두렁 같은 먼 추억의 오솔길처럼 소박한 느낌을 준다. "아이 셋 키우고 손주들"을 잘 건사한 초로의 아내는 "주름꽃이 아름답게 피었"다. 서정시가 빛나는 이유는 이런 소소한 행복이 시 속에 가득 차 있기 때문이다. 시인에게 아내는 겨울 아궁이 너머로 풍겨 나오는 구수한 밥 냄새처럼, 귀한 "당신"이다. 그렇다. 백설기 같은 흰 눈처럼 언제까지나 고마운 꽃이다. "설 지나 보약도 한재 달여 드리고 싶"은, 귀한 복주머니 같은 아내이다. 마지막 행 "그렇게 / 올해 칠순이" 된 시인의 아내는, 이 시 한 편으로 꽃이 되었다. 어쩌면 시인에게 아내의 존재는, 고향 강과 산, 바람과 숲, 달빛과 저녁노을처럼 붉은 그리움인지도 모른다. 하여 이번 김상호의 시집『감꽃이 피면』은 가슴을 울리는 그 어떤 힘이 있다. 전통과 향수, 고향과 추억, 삶의 편린과 아내의 고마움이 행간에 가득 번진다. 시인은 밤별 속에 순수를 찾아가는 사람이다. 시는 개인의 작업이지만, 소통과 공감을 주면 명시로 남는다. 보이는 세계를 통해 보이지 않는 비밀을 들추기도 하고, 형상을 통해 추상의 이미지를 꺼내기도 한다. 김상호의 시는 일상의 소중한 삶을 통해 재발견한, 이 시대 보기 드문 진실한 서정시로 규정된다.